PARIS

IMPRENABLE

ET

LA FRANCE

INVINCIBLE

PAR

H. ANDRÉ

QUATRIÈME ÉDITION

PRIX : 1 fr. 50 c.

PARIS

Auguste CHIO, Éditeur

41, QUAI DES GRANDS-AUGUSTINS, 41

Chez l'Auteur, rue des Abbesses, 11

ET CHEZ LES PRINCIPAUX LIBRAIRES

—

1874

PARIS IMPRENABLE

ET

LA FRANCE INVINCIBLE

PAR

H. ANDRÉ

QUATRIÈME ÉDITION

enrichie d'une
nouvelle carte et
augmentée de considéra-
tions nouvelles sur les nouveaux
forts de Paris et sur le
système défensif de
la France.

PRIX: 1 fr. 50 c.

PARIS

AUGUSTE CHIO, ÉDITEUR

41, QUAI DES GRANDS-AUGUSTINS, 41

Chez l'Auteur, rue des Abbesses, 11

ET CHEZ LES PRINCIPAUX LIBRAIRES

1874

PARIS IMPRENABLE

ET

LA FRANCE INVINCIBLE

OBSERVATIONS

sur les nouveaux forts de Paris et sur le système défensif de la France.

1° Ces nouveaux forts, publiés en Janvier 1874, sont :

Au *nord-est*, Cormeilles, Monlignon, Domont, Ecouen, la Patte-d'Oie, l'Orme-Morlu et Vaujours.

Au *sud-est*, Chelles (Torcy), Combaut, Lésigny près de Ferolles, Villecrêne et Villeneuve-St-Georges.

A l'*ouest*, Athis ou Juvisy, Palaiseau, Villeras au nord de l'étang de Saclay, le Haut-Buc, Guyancourt, St-Cyr, Bois-du-Chêne (ou d'Arcis), Ste-James, Aigremont et Chanteloup.

2° D'après le *Moniteur* du 26 mars 1874, onze de ces forts viennent d'être fixés de manière à pourvoir aux premiers besoins de la défense.

« Les positions qui comportent des ouvrages de pre-
» mier ordre sont :

» Au *nord-est*, Cormeil, Domont et Vaujours.

» Au *sud-est*, Villeneuve-St-Georges.

» A l'*ouest*, Palaiseau, St-Cyr et Ste-James.

» Des ouvrages de second ordre seront établis :

» Au *nord-est*, à Monlignon, à Montmorency, à Stains.

» Au *sud-est*, tête de pont sur la Marne (probablement
» entre Noisy-le-Grand et Villiers), reliée par une série
» d'ouvrages, à Vaujours, et à Ville-Neuve-St-Georges.

» A l'*ouest*, à Châtillon, à la butte Chaumont, à Villeras,
» au Haut-Buc, à Marly et aux Hautes-Bruyères.

» Enfin, des batteries permanentes seraient construites,
» deux en avant de Palaiseau, une à droite du fort de
» St-Cyr, à Bois-du-Chêne.

» La dépense s'élèvera à 60 millions. »

EXTRAIT

du Rapport lu à la tribune par le général Chabot-Latour,
président du Comité des fortifications,

« Notre but, c'est de mettre Paris en état de défier un
» ennemi supérieur en nombre, puissant et bien armé,
» de mettre notre capitale à l'abri d'un investissement
» complet et de l'artillerie la plus puissante. Pour obtenir
» ce résultat, il nous a paru nécessaire d'occuper les
» hauteurs qui dominent les abords de la place, afin de
» fournir à notre armée de vastes campements en dehors
» du mur d'enceinte, et de lui ménager la possibilité de
» déboucher, soit pour combattre dans les positions qui,
» par la configuration du terrain, semblent devoir être
» les champs de bataille obligés entre les deux armées
» en présence, soit pour se ravitailler, soit pour commu-
» niquer avec l'intérieur du pays.

» Ce système consiste dans l'établissement de trois
» camps retranchés, au nord-est, au sud-est et à l'ouest.
» Le rôle spécial de ces camps est de couvrir : l'un, le

» point probable de l'attaque ; l'autre, le point d'arrivée
» de l'ennemi ; le troisième, le point de ravitaillement.
» Dans ce but, Paris doit être entouré d'*une zone infran-*
» *chissable.* »

Tel est aussi le but de notre système qui, *de plus*, doit
mettre Paris à l'abri de la famine et presque toute la
France à l'abri de l'invasion.

OBSERVATIONS

Quand notre première édition, parue en 1871, fut sou-
mise à un journal militaire, on nous répondit : « Pour
réussir, il ne manque à votre travail que la signature d'un
général. » Aujourd'hui, il ne nous manque plus rien.
Nos plus illustres guerriers lisent nos projets *avec plaisir.*
La presse les reproduit et l'autorité (sauf quelques détails)
les exécute.

Analyser tous les ouvrages spéciaux, ainsi que les dis-
cours qui ont été prononcés à la tribune sur ce sujet, c'est
résumer et justifier notre travail, c'est constater notre
droit de priorité.

Presque tous les forts cités rentrent soit dans notre ligne
d'attaque, soit dans notre ligne de défense. Ce qui permet
déjà de croire que ces deux lignes seront exécutées.

A l'*ouest*, notre ligne d'attaque, sauf quelques détails,
est partout adoptée. Les forts de Marly, de Châtillon et des
Hautes-Bruyères appartiennent à notre ligne de défense.

A l'*est*, au contraire, c'est notre ligne de défense avec
Chelles et Vaujours, qui paraît avoir sinon la préférence,
du moins la priorité. Cette ligne de défense, renforcée au
nord-est par les forts de Cormeilles, de Domont, d'Ecouen,
etc., c'est notre premier projet décrit en 1871. Cette ligne,

ainsi renforcée, vu son importance, devait donc être exécutée la première, pour parer aux dangers les plus pressants.

Mais cette ligne, depuis Vaujours jusqu'à Ville-Neuve-St-Georges, se trouve partout dominée par des forêts. Il nous a donc fallu, comme au nord-est, porter plus loin une seconde ligne dite d'attaque, de manière à dominer au moins les premières forêts situées dans cette région, et à surveiller de près les grandes forêts d'Armainvilliers, de la Léchelle, de Sénart, etc. C'est cette idée qui se trouve réalisée, par la liste des forts qui paraissent adoptés pour cette région sud-est. Il est donc probable qu'on n'a fait qu'ajourner l'exécution de cette seconde ligne, la seule qui puisse nous donner la *possibilité de déboucher sur les positions qui semblent des champs de bataille obligés*. Autrement l'ennemi ne manquerait pas de fortifier les positions de cette ligne d'attaque abandonnée et nous serions encore prisonniers dans notre ligne de défense restreinte et insuffisante.

Nous reproduisons donc à l'est de Paris notre ligne de défense qui paraît adoptée, et notre ligne d'attaque rectifiée et renforcée au nord-est et du côté de la Marne, comme nous l'avons indiqué dès 1871, en reportant un peu plus au nord, les forts de la Patte-d'Oie et de l'Orme-Morlu.

REMARQUES

Ce qui précède suffit pour démontrer que notre but, comme celui de l'honorable général, c'est de *mettre Paris en état de défier un ennemi puissant et bien armé*, et de mettre notre capitale à l'abri de la famine et du bombardement.

Avec le même but à atteindre, nous devions nécessairement employer les moyens indiqués dans le rapport cité.

Cette zone infranchissable, qui doit être pour Paris ce qu'est l'océan pour l'Angleterre et la glace pour la Russie, c'est la triple cuirasse qui doit entourer Paris. C'est la *ceinture impénétrable* que nous avons formée à l'aide de deux lignes de forts combinées avec la ligne de réserve.

Ces hauteurs, qni dominent les abords de la place, et qu'il est nécessaire d'occuper, nuus les avons munies de forts.

Ces vastes campements à établir en dehors du mur d'enceinte, nous les avons jugés nécessaires, en démontrant les inconvénients du mur d'enceinte, mur considéré encore par le Bulletin de la réunion des officiers, *comme une chemise inutile*. Ces campements sont donc tout naturellement indiqués par nos lignes de forts.

A l'armée active, nous avons donné pour campements notre ligne d'attaque ; à l'armée territoriale, notre ligne de défense ; et à la réserve de la milice parisienne, nous donnons la ligne de réserve composée de nos forts actuels.

Cette possibilité de déboucher, soit pour combattre, soit pour se ravitailler, soit pour se mettre en rapport avec l'intérieur du pays, nous est donnée surtout à l'est, non par la ligne de défense (insuffisante), mais par notre ligne d'attaque mise en rapport avec nos lignes stratégiques à établir sur l'Oise, la Haute-Seine et le canal de Bourgogne. C'est ainsi que la ligne d'attaque de l'ouest, en se reliant avec nos lignes stratégiques de la Haute-Seine et de la Basse-Seine, doit nous donner toutes les facilités de *déboucher dans l'intérieur* de la région de l'ouest, région qui devient ainsi *notre point principal de ravitaillement.* C'est encore ainsi que cette ligne d'attaque, qui se relie avec toutes les positions qui *semblent devoir être des champs de bataille obligés,* nous donne toutes les *facilités de déboucher pour combattre.* Ces facilités deviendraient plus grandes encore si, d'avance, on prenait le soin de fortifier ces positions avant que l'ennemi ne s'y fortifie lui-même, surtout du côté de l'est.

Nous avons en effet tout lieu de craindre (suivant un illustre général) que l'ennemi, n'osant affronter nos trois lignes de forts, *ne vienne s'installer dans les provinces du nord-est,* et en particulier, sur les montagnes voisines de notre ligne d'attaque de l'est, dans l'attente d'une grande bataille.

Il nous paraît donc rationnel avec le bulletin des officiers (qui admet nos deux lignes de forts), *que l'armée de Paris se porte au devant de l'ennemi, même au-delà de la ligne d'attaque, pour lui disputer le terrain pas-à-pas,* non dans le but de simuler une retraite, dans le vain espoir d'attirer notre ennemi dans les pièges éventés de cette ligne, mais pour lui livrer bataille dans des positions choisies et forti-fiées d'avance.

Les retraites, même simulées, ont toujours l'incon-vénient de démoraliser le soldat et le citoyen.

C'est donc pour mieux assurer le succès de notre marche en avant, et pour ne pas tomber nous-mêmes dans les pièges ennemis, que le premier, nous avons cru *rationnel* de donner une large étendue à notre ligne d'attaque, de comprendre dans cette ligne, Sceaux,

Versailles, Saint-Germain, Pontoise, le nord-ouest de la forêt de Montmorency, etc et de fortifier la Marne au loin et de chaque côté, ainsi que les montagnes qui, au sud du canal de l'Ourcq, s'étendent depuis le Raincy, Vaujours, j'usqu'à Carnetin. Tel est aussi l'avis du savant auteur des *considérations sur le système défensif de Paris.*

C'est pour cette raison qu'il nous paraît utile de donner, comme pour Saint-Cyr, un degré de solidité exceptionnel à Montevrain, pour mieux surveiller la Marne et la marche de l'ennemi du côté de la forêt d'Armainvilliers, à Grex, et à l'important débouché de Brie-Comte-Robert, pour surveiller les forêts voisines et les passages de la Seine jusqu'à Melun. De même, en prévision d'une grande bataille au nord-est de Paris, ne serait-il pas encore utile de fortifier d'avance les hauteurs de Maugé, de Dammartin, de Montméliant, du chemin de Creil, de Luzarches, de St-Martin-du-Tertre et d'Asnières-sur-Oise?

Cette ligne de montagnes, *par la configuration du terrain,* ne semble-t-elle pas devoir être un champ de bataille obligé entre les armées en présence? Si l'armée française occupait cette grande ligne de bataille, elle aurait du moins l'avantage de ne pouvoir être tournée, et pourrait recevoir des secours soit du côté du canal de l'Ourcq, qui sans doute sera fortifié, soit du côté de l'Oise qui doit l'être à *son tour,* soit du côté de Paris muni d'une bonne ligne d'attaque au nord-est. A l'ouest, notre ligne d'attaque est adoptée. Mais du côté de l'est, c'est notre ligne de défense qui, pour le moment du moins, paraît avoir la préférence. Nous insistons donc sur l'utilité de cette ligne d'attaque pour l'est, parce que, c'est surtout de ce côté de Paris, le plus exposé au choc de l'ennemi, que nos deux lignes de forts nous paraissent le plus nécessaires.

Les adversaires de la ligne d'attaque ou du système étendu donnent pour raison : La dépense de cette ligne, son éloignement de l'enceinte et le grand nombre de soldats nécessaires pour la défendre.

Quand il s'agit du salut de la patrie et du sang de nos soldats, rien ne doit être épargné. Qu'ou fasse grand, l'argent se trouvera.

» Un honorable général est venu dire à la tribune :
» Votre système étendu ou d'attaque est mauvais. Votre
» système restreint ou de défense est détestable. Ville
» assiégée, ville prise. Il faut que l'armée s'habitue à
» compter plutôt sur son courage que sur des munitions.

Le premier, nous avons reconnu que nos deux lignes de forts, prises séparément, sont détestables. Mais ces lignes combinées avec la ligne de réserve, forment *une ceinture impénétrable*. Le proverbe, ville assiégée, ville prise, ne peut s'appliquer à Paris, si l'on a soin de rendre l'investissement complet impossible, à l'aide de deux lignes de forts très étendues, et si nous conservons nos communications avec l'ouest, le nord-ouest et la mer. Le langage adressé à l'armée active par l'honorable général est fort beau, mais nos malheurs récents, sortout ceux de Strabourg, de Metz et de Paris, devraient nous apprendre que s'il est bon de compter sur son courage, il est prudent de compter aussi sur des munitions très étendues, pour permettre à l'armée active de se dégager de sa prison et pour utiliser le courage de notre armée citoyenne. Accumuler des munitions autour de Paris, surtout à l'est, et sur nos lignes stratégiques, c'est donc donner à l'armée active, ainsi soutenue, toutes les facilités de *déboucher* et de se *porter au devant de l'ennemi* avec toute sécurité, pour empêcher cet *ennemi de s'installer dans nos provinces du nord-est.*

Un grand orateur est encore venu dire : « Avec des
» forts placés à plus de 10,000 et de 11,000 mètres de
» distance, vous ne défendrez pas suffisamment Paris.
» S'il ne s'agit (pour faire une trouée) que d'attaquer un
» seul ouvrage, l'ennemi fera tous ses efforts pour le
» tourner et l'enlever. A pareille distance, comment ravi-
» tailler le fort? Comment renouveler la garnison? Si l'un
» de ces forts venait à succomber, quel effet moral sur la
» population assiégée? Pour soutenir des forts aussi éloi-
» gnés, vous serez donc forcés de recourir à des ouvrages
» intermédiaires, comme Mailly, Garches, Meudon, Châ-
» tillon, les Hautes-Bruyères, etc. Alors, ce n'est plus
» soixante millions qu'il vous faut, mais cent millions. »

Impossible de rendre plus clairement nos propres idées. Comme nous, l'illustre député de Paris signale les incon-vénients de notre ligne d'attaque, et comme nous, il indi-que comme moyen de remédier à l'éloignement de cette ligne d'attaque, notre ligne intermédiaire ou de défense.

L'argument basé sur le moral de la population peut à plus forte raison s'appliquer au système restreint.

Si après une seule bataille, l'un des forts de ce système restreint était enlevé, c'est alors que le moral de la popu-lation assiégée serait dangereusemeut affecté. Cette popu-lation, sans espoir de revanche, serait exaspérée ; car elle connaît déjà trop bien l'insuffisance de nos forts actuels, et le danger d'affronter cette ancienne ligne prussienne, inabordable du côté de Paris.

C'est en vain que l'illustre orateur, pour soutenir le système restreint, a fait valoir les services rendus par les forts de Noisy, de Rosny et de Nogent. Ces forts séparés par une vallée, des montagnes voisines, sont assez bien placés pour se défendre ; mais ils n'ont pu nous épargner les échecs d'Avron, de Villers et de Champigny. Ces forts seraient encore impuissants pour nous faciliter la reprise de ces positions, si l'ennemi venait à s'en emparer.

La ligne de nos forts actuels ne peut donc servir que comme ligne de réserve.

La ligne de défense restreinte est donc insuffisante :

1° Parce qu'elle est partout dominée per des forêts ou des montagnes ;

2° Parce qu'elle ne donne aucune facilité de déboucher sur les positions que pourrait fortifier l'ennemi sur notre ligne d'attaque abandonnée ;

3o Parce que la prise d'un seul fort pourrait mettre Paris en danger et troubler le moral de la population assiégée, etc.

Pour combattre notre ligne d'attaque, le même orateur est venu dire : « Pour défendre un front de bataille *aussi étendu*, il faudra 250,000 soldats et des meilleurs.

1° Tant que l'ennemi est maintenu à la frontière, la place de ces 250,000 soldats doit être dans l'armée active du nord-est. L'armée territoriale de la Seine peut suffire à la garde des fortifications de Paris. L'on sait déjà que l'armée territoriale de Paris comprend plus de 160,000 combattants qui pourraient être répartis, soit sur notre ligne de défense, soit sur la ligne de réserve.

Dans le cas où Paris serait assiégé, nous serions bien malheureux si nous ne pouvions disposer des 100,000 soldats nécessaires à la défense de notre ligne d'attaque.

Tant que nos lignes stratégiques de l'Oise et de la Haute-Seine ne sont pas franchies par l'ennemi, on peut sans inconvénient confier à l'armée territoriale la défense de notre ligne d'attaque de l'ouest. *Pour protéger efficacement Paris* du côté de l'est, et pour utiliser ces cent mille soldats et plus, il nous faut donc établir de ce côté de vastes *campements*, c'est-à-dire une ligne d'attaque très-étendue.

Pour défendre un tel front de bataille ce ne sont pas les soldats qui nous manqueront. On sait que la France a été divisée en 18 régions, où stationneront 18 corps d'armée à 2 divisions, ayant chacune l'organisation d'une petite armée.

Nous aurons donc 36 divisions, 72 brigades, 144 bataillons d'infanterie et 36 bataillons de chasseurs. Nous aurons de plus 75 régiments de cavalerie, 40 d'artillerie, 4 du génie, etc. Cette armée, doublée de la réserve, pourra s'élever à plus de 900,000 hommes.

On sait encore que l'ensemble des classes du premier ban de l'armée territoriale, compte 400,000 hommes qui seront répartis comme l'armée active, en 18 corps d'armée comprenant 36 divisions, 72 brigades et 144 régiments d'infanterie. Cette armée territoriale comprendra de plus : 18 régiments d'artillerie, 18 de cavalerie, 18 bataillons du génie, 18 escadrons du train des équipages.

et sans doute 36 bataillons de chasseurs, de manière à fournir à chacun de nos grands commandements militaires, un corps complet en toutes armes. A cette première armée territoriale, ajoutez une réserve en nombre égal, et dans dix ans, la France comptera près de deux millions de défenseurs disciplinés et aguerris.

Ce qui nous manque, ce sont des forts assez nombreux pour soutenir notre armée active, et pour abriter notre armée territoriale.

Ce qui nous manque, c'est un système de défense qui embrasse non-seulement Paris, mais la France entière. Ce système, inauguré par nous, nous l'aurons ; car il est déjà en partie adopté, comme on va le voir.

Nous disions en 1871 : « Les causes de la capitulation » de Paris sont :

» La famine et l'insuffisance de nos fortifications.

» Nous avons largement pourvu à ce dernier besoin.

» Mais comment remédier à la famine, plus terrible que » la guerre elle-même ?

» En établissant dans Paris de vastes greniers d'abon-» dance, en conservant de nombreux terrains cultivés au » moyen d'une ligne d'attaque très-étendue, et surtout » *en conservant nos communications avec la mer.* »

Pour relier Paris aux provinces et surtout avec la mer, le premier, nous avons donc établi des lignes stratégiques : sur l'Oise, depuis Pontoise jusqu'à la frontière ; sur la Marne jusqu'à Carnetin et plus loin encore ; sur la Basse-Seine, depuis Meulan jusqu'à la mer ; sur la Haute-Seine, depuis Juvisy jusqu'à la Loire ; et sur le canal de Bourgogne, depuis Montereau jusqu'à Belfort.

Ces trois dernières lignes stratégiques sont adoptées. C'est ce qui résulte de l'article suivant du *Journal des Débats*, en date du 3 mars 1874 :

« Le général Du Barrail, ministre de la guerre, aurait
» obtenu que la nouvelle zone frontière fût reportée au
» cours de la Seine, en aval de Montereau, jusqu'à son
» embouchure, avec circuit autour des fortifications de
» Paris, ainsi qu'au cours de l'Yonne et du canal de Bour-
» gogne, entre Montereau et St-Jean-de-Lôsnes, et à
» ceux de la Saône et du Rhône jusqu'à la Méditerrannée.
» D'autres projets sont à l'étude. »

REMARQUES

1° A St-Jean-de-Lôsnes, cette ligne du canal de Bourgogne se divise en deux parties. L'une se réunit au Doubs et finit à Belfort. L'autre suit naturellement le cours de la Saône et du Rhône. Pour prévenir des désastres tout récents, ne serait-il pas utile de fortifier quelques points de la rive droite du Rhône, depuis sa sortie de la Suisse jusqu'à Lyon ?

2° Nous savons aujourd'hui que notre ligne stratégique de la Haute-Seine sera prolongée par le canal de Briare, depuis Montereau jusqu'à la Loire. Moret et Montereau seront fortifiés. Un camp retranché doit être établi entre ces deux villes, derrière la Seine.

Une division de l'armée de Paris doit avoir son quartier-général à Fontainebleau, pour surveiller la Haute-Seine et le canal de Briare. Enfin, Montargis sera muni de deux forts pour protéger ce canal, la forêt d'Orléans et Orléans lui-même. Ce que nous demandions déjà en 1870.

Pour compléter notre œuvre, reste donc à étudier l'importante ligne stratégique de l'Oise. Cette ligne a été admise jusqu'à Creil par le bulletin des officiers. Elle figure, ainsi que celle de la Marne, dans le savant ouvrage des considérations. Elle doit être protégée par une division de l'armée de Paris qui aura son quartier-général à Compiègne. Près de cette ville , au confluent de l'Aisne et de l'Oise , ou doit établir un camp retranché. Il nous est permis de croire que cette ligne de l'Oise, déjà longée à sa droite par le chemin de fer du Nord et défendue par de hautes montagnes, sera choisie par l'autorité militaire comme la barrière naturelle et indispensable de cette grande région nord-ouest, si on veut utiliser cette région au profit de la défense nationale.

L'Aisne ne doit être que l'auxiliaire de l'Oise.

Il nous sera facile de comprendre après cet exposé, le rôle important que nous avons assigné à Versailles.

Dès l'année 1871 nous disions : « Paris n'est pour nous » qu'une vaste prison dont Versailles doit être la princi-» pale porte de sortie pour nos troupes, et d'entrée pour » les vivres. »

Cette idée se trouve encore réalisée par l'adoption de notre ligne d'attaque de l'ouest qui défend Sceaux, Versailles et St-Germain, et qui assure nos communications entre ces villes et la région de l'ouest.

Grâce à cette ligne, ces riches cités ne seront plus à la merci de l'ennemi, et si la famine venait à sévir sur Paris, pour reprendre ces villes nous ne serions pas dans la cruelle nécessité, ou de les bombarder avec nos propres forts, ou de livrer des combats meurtriers à notre ennemi barricadé dans les rues, retranché sur les hauteurs voisines, ou fortifié sur le terrain *déchiqueté et difficile* de notre ligne d'attaque si on négligeait d'*y placer des obstacles.*

Versailles, déjà muni d'un camp retranché, sera bientôt mis en rapport, par le chemin de fer de grande ceinture, avec Pontoise et avec tous les chemins de fer qui aboutissent à Paris, soit de l'Ouest, soit du Nord-Ouest.

Versailles pourra donc expédier des armées entières, soit à l'est de Paris, soit sur l'Oise, soit sur la Haute-Seine. Les armées chargées de défendre les lignes stratégiques à établir sur ces deux rivières pourront donc, par Versailles, se prêter la main et combiner leurs mouvements. Paris, par l'entremise de Versailles et de Pontoise, pourra donc recevoir des secours, des munitions et des vivres du Havre, de tous les ports de l'Océan et des provinces de l'ouest et du nord-ouest, ainsi mises à l'abri de l'invasion.

Si l'ennemi venait à franchir l'Oise et à s'emparer du nord-ouest, il nous resterait encore pour ravitailler Paris, ce riche pays de l'ouest, mis en rapport avec Sceaux, Versailles et Saint-Germain par notre ligne d'attaque, et protégé par les lignes stratégiques de la Haute-Seine, de la Basse-Seine et par le camp retranché du Mans.

Cette vaste région de l'ouest doit donc former une île inabordable à l'ennemi, un grenier d'abondance pour nourrir Paris, et une pépinière de soldats pour le défendre. En fortifiant la ligne de l'Oise et Pontoise lui-même, tous ces avantages nous seraient encore assurés dans la région du nord-ouest. Le rôle important de Versailles se trouve ainsi partagé avec Pontoise, dans l'ouvrage des considérations.

L'auteur spécial entoure, comme nous, d'une ligne d'attaque, Sceaux, Versailles, Saint-Germain et Pontoise, et comme nous, cet auteur s'écrie : *Mais ne l'oublion pas, le meilleur moyen de protéger Versailles* (et en même temps la Basse-Seine et nos communications avec la mer) *c'est de fortifier l'Oise et la Haute-Seine.*

Versailles sera donc muni de deux lignes de forts. Saint-Cyr, qui se trouve sur notre ligne d'attaque deviendra, comme nous l'avons dit, *une place de guerre importante pour défendre le côté occidental de la cité du grand roi.*

Le fort placé à Marly (trou d'enfer), doit servir à la fois, et comme point de défense, et comme trait d'union pour Versailles, Saint-Germain et pour Paris lui-même.

Sceaux, situé entre Châtillon, et un fort qu'on doit établir à Verrières, se trouve relié avec Paris et le camp de Palaiseau et conserve ainsi ses communications avec Versailles.

Pour mieux relier encore Paris, Sceaux, Versailles et les forts du Haut-Buc et de Villeras, il ne serait peut-être pas inutile d'établir un fort à Viroflay, (haut. 186 m.) près de Pont-Colber, pour protéger le point de jonction entre le chemin de fer de la rive gauche et le chemin de fer de grande ceinture. Cette idée, déja formulée dans notre première édition, nous paraît trop utile pour ne pas être maintenue. On ne saurait entourer de trop de *munitions,* cette ville de Versailles qui en temps de guerre doit devenir *un grand centre commercial* pour tout ce qui concerne l'alimentation de Paris.

Il fallait donc avant tout songer aux moyens de nourrir une population qui, pour Paris et pour l'intérieur de notre ligne d'attaque, pourra s'élever à plus de trois millions d'âmes. Dans ce but, n'avoir pour toute ressource (comme on l'a proposé) que la seule ligne du Hâvre à Pontoise, et le territoire limité entre l'Oise jusqu'à Creil et la ligne de Creil à Dieppe, c'est attirer toutes les forces disponibles de l'ennemi sur cette dernière ligne, sur ce petit territoire et sur cette seule route de communication entre Pontoise et la mer. C'est jouer avec la famine. C'est exposer Paris et la France à tous les malheurs.

Il eut été plus simple et plus avantageux de prolonger notre ligne de l'Oise jusqu'à la frontière, on aurait eu de cette manière une ligne de défense plus naturelle et toute la région nord-ouest pour alimenter Paris.

Comme on vient de le voir, nous avons fait mieux encore. Pour nourrir Paris, au lieu d'une région nous en avons deux, l'ouest et le nord-ouest, et de plus, l'Océan.

EXTRAIT

du rapport fait au nom de la commission de l'armée char-gée d'examiner le projet de loi relatif à l'amélioration des défenses des frontières de l'Est, par M. le baron de Chabaud La Tour :

Messieurs,

La guerre de 1870, en nous enlevant l'Alsace et une partie de la Lorraine, en nous privant des grandes places de Strasbourg, de Metz, de Thionville et des places se-condaires de Bitche, Haguenau, Phalsbourg, Schlestadt, Neuf-Brisac, Marsal, en nous enlevant nos belles lignes de défense du Rhin, des Vosges, de la basse Moselle, a porté l'atteinte la plus grave en même temps que la plus douloureuse à la sécurité de notre territoire, et nous ne pouvons pas nous dissimuler maintenant que , si la guerre venait malheureusement à se rallumer en Europe , la France serait la puissance dont les frontières seraient les plus vulnérables.

La dignité de notre caractère national souffrirait de la prolongation d'une telle situation. Nous vous le disions il y a peu de temps , deux grands devoirs s'imposent à la France : reconstituer ses frontières , réorganiser les défenses de Paris.

Tel est l'objet du projet de loi soumis à vos délibérations ; la nécessité de ces améliorations s'impose pour les places de notre frontière de l'Est , et notamment pour les places situées en arrière de l'Alsace et de la partie cédée de la Lorraine , et qui se trouvent aujourd'hui placées en première ligne.

Justement préoccupé de cette situation, le gouvernement a confié à la commission supérieure de défense le soin d'étudier les moyens d'y porter remède.

Après des études longues et approfondies , la commission a formulé, dans l'avis joint au projet de la présente loi, l'indication des travaux qu'elle a jugés nécessaires pour mettre la frontière de l'Est en état de défense. Nous allons passer en revue les différentes propositions présentées par la commission, en suivant dans cet examen l'ordre qu'elle a cru devoir adopter.

La place de Verdun , qui était autrefois le pivot de la défense de la vallée de la Meuse , ne répond plus aux conditions actuelles de la guerre ; il importe de la mettre en état de continuer à remplir ce rôle et de nous assurer la possession de ce cours d'eau sur lequel s'appuie aujourd'hui notre première ligne de défense.

Située au bord de la Meuse, la ville de Verdun est dominée , à très-faible distance , par des hauteurs sur lesquelles furent établies , en 1870 , les batteries de bombardement qui amenèrent la reddition de la place. Pour prévenir le retour de semblables événements , il importe de rejeter, au-delà de la portée de l'artillerie relativement au corps de la place , les établissements de l'ennemi ; et, pour cela , il est indispensable d'occuper ces hauteurs. Cette nécessité s'impose surtout dans la direction des attaques probables , c'est-à-dire sur la rive droite , et c'est par l'occupation de ces positions que nous vous proposons de commencer les travaux. Ils consisteront dans la création d'ouvrages notamment sur la position de Bois-Brûlé, maîtrisant les deux routes venant de Metz et le chemin de fer de Metz à Châlons. Ce système sera complété par des batteries ayant action sur la vallée en amont et en aval de la place.

La guerre de 1870 a mis en évidence l'insuffisance des défenses de la citadelle , et on propose de la remanier de manière à constituer , par rapport à chacune des lignes de fer qui se croisent au pied de ses remparts , une sorte de fort d'arrêt.

La place de Toul, assise au bord de la Moselle, est dominée à une très-petite distance par les berges des plateaux au milieu desquels la rivière s'est frayé un cours en débouchant des gorges situées au sud de la forêt de Haye.

Un petit nombre de dispositions culminantes dominent à leur tour ces plateaux et forment , pour ainsi dire , les saillants du camp de Toul. C'est sur ces positions saillantes que la défense devra s'établir, non seulement pour protéger la ville contre un bombardement, mais pour abriter les vastes campements que comportera maintenant cette opération stratégique.

Les points qu'il convient d'occuper sont :

Le *Mont-Saint-Michel*, véritable citadelle de Toul, au pied duquel passe la voie ferrée de Paris à Strasbourg ;

Les positions d'*Ecouvres* et de *Domgermain*, qui protège, du côté de l'ouest, les abords de la place et maîtrisent le souterrain de Foug ;

La position de *Villey-le-Sec*, qui surveille le débouché de la forêt de Haye et commande, vers l'amont, les gorges de la Moselle.

L'ensemble de ces travaux comporterait, en première urgence, une dépense de huit millions sur lesquels trois seraient applicables à l'exercice 1874.

Nous vous proposons de les accorder.

La place de Belfort commandait autrefois le nœud des communications entre le bassin du Rhône et celui du Rhin. Mais le chemin de fer de Besançon à Delle, par Montbéliard et Audincourt, remonte vers le nord jusqu'à Morvilliard, avant de descendre sur Delle. De Morvilliard à Montreux, il n'y a que 9 à 10 kilomètres, et entre ces deux points règne le canal du Rhône et du Rhin, dont la berge est toute préparée pour un raccordement entre le chemin de fer de Besançon et la voie allant à Mulhouse.

Cette communication, si facile à établir, échapperait entièrement, ainsi que le canal du Rhône au Rhin, à l'action de la place de Belfort, ce qui modifie gravement la situation.

Les nouvelles défenses proposées pour Belfort ont pour objet de combler cette lacune et d'étendre dans toutes les directions le rayon d'action de cette place.

Ainsi, l'occupation des positions du Salbert et de Roppe rattache les défenses de la place au Ballon d'Alsace.

En avant des ouvrages des Perches et de Bellevue, construits au moment du siége, et que l'on propose d'organiser d'une manière permanente, le fort de Vezelois assurera la défense avancée du côté de l'est. Le même résultat sera obtenu du côté de l'ouest, par l'occupation du Mont-Vaudois.

Au sud, le Mont-Bard maîtrisera les communications qui convergent vers Montbéliard.

Enfin, l'organisation de la défense sera complétée par 'occupation des positions de Pont-de-Roide et de Blamont, qui relieront Montbéliard à la chaîne du Lomont.

L'occupation des routes conduisant par Saint-Loup, Luxeuil et Lure, de la vallée de la Haute-Moselle dans la Franche-Comté, forme le complément obligé de la défense de la position avancée de Belfort. Cette ligne prendrait appui, d'une part, sur le Ballon d'Alsace et, d'autre part, sur la position d'Epinal transformé en place d'appui.

On a pu se ménager les ressources nécessaires pour entreprendre dès cette année, sur des points situés en deuxième ligne entre la frontière et Paris, des travaux qui avaient été classés en premier ordre d'urgence par la commission de défense, et que des raisons d'économie avaient conduit à ajourner.

Les points les plus essentiels de cette deuxième ligne sont :

Dijon et Chagny, situés à l'entrée du Morvan et au centre de toutes les communications qui relient le bassin du Rhône au reste du territoire ;

Reims, Épernay, Nogent-sur-Seine, dont l'occupation permettrait à une armée battant en retraite de défendre l'entrée des plateaux de la Brie et des abords de Paris.

En arrière de la trouée de Belfort, les places de Langres et de Besançon, placées en deuxième ligne, assurent la défense de la plaine de la Franche-Comté.

Des travaux considérables sont en cours d'exécution à Langres : ils ont pour objet de protéger Langres et sa citadelle contre une tentative de bombardement. Cette organisation, qui laisse en dehors d'elle la protection des seuls terrains propres à recevoir les campemens d'une grande armée et les positions nécessaires pour les débouchés, demande à être complétée par la création des ouvrages de la Pointe du Diamant, de Saint-Menge et de Dampierre vers le nord, et du Cognelot vers le sud.

Les ouvrages de la Bonnelle, de Peigné et de Buzon seront achevés.

Le projet présenté comprend en outre, au nord-ouest, la création d'un ouvrage sur la position de Beauchemin pour étendre vers Chaumont la défense avancée de Langres.

La place de Besançon, dont les progrès récents de l'artillerie ont altéré profondément l'organisation défensive, étend son action à la fois sur les bassins de la Saône et du Doubs, et sur les plateaux du Jura. Le rôle de cette plac serait désormais bien restreint si ces défenses avancées n permettaient pas aux forces réunies sous ses murs d manœuvrer au delà de l'Oignon et sur les plateaux supé rieurs. Il sera indispensable, dans le premier cas, de se porter jusqu'à la ligne de faîte, bien accentuée, qui sépare le versant du Doubs de celui de l'Oignon ; l'occupation de la position de Tallenay-Châtillon donnera toute satisfaction à ce premier besoin.

Quant à l'accès des plateaux, il serait assuré par la construction de deux solides ouvrages à Montfaucon et à Fontain. L'occupation de ces positions est, d'ailleurs, absolument nécessaire pour protéger la place contre une attaque venant des plateaux, attaque d'autant plus dangereuse que les conditions du terrain ne permettent pas de défendre pied à pied, comme vers le nord, les abords de la place.

Les fortifications actuelles de Lyon ont été entreprises après 1830. Depuis cette époque, la population de la ville a plus que triplé et les constructions nouvelles, débordant les défenses, en ont, pour ainsi dire, annulé l'action.

Il faut bien le reconnaître, cette grande ville serait, en ce moment, hors d'état d'opposer une résistance de longue durée ; car ses défenses seraient impuissantes à retenir l'assaillant dans des positions assez éloignées de la ville pour que celle-ci fût hors de la portée de l'artillerie. Le seul remède que comporte cette situation périlleuse consiste à créer, en avant de Lyon, une ceinture d'ouvrages destinés à remplir cet office.

Le cours de la Saône et du Rhône sépare les environs de Lyon en trois régions distinctes : la rive droite de la Saône, l'entre-Saône et le Rhône, la rive gauche du Rhône.

Sur la rive droite de la Saône s'élève, immédiatement au-dessus du fleuve, le massif montagneux du Mont-d'Or, dont le Mont-Verdun forme le point culminant. Le Mont-d'Or est la position militaire la plus importante de cette région ; on s'en assurera la possession en plaçant un ouvrage permanent sur le sommet du Mont-Verdun, qui étendra son action à toute volée de canon, soit dans la plaine de l'Arbresle, soit vers le bas Rhône, soit vers l'entre Saône et le Rhône.

Le plateau étroit qui est resserré entre le Rhône et la Saône, en avant de la Croix-Rousse, s'épanouit brusquement à hauteur du ravin de Sathonay, qui descend vers la Saône. En ce point se dirige vers le Rhône le ravin de Billieux. Il résulte de cette circonstance, en avant de Sathonay, un véritable défilé au delà duquel la défense a intérêt à se porter, pour assurer ses débouchés sur le plateau des Dombes. L'occupation du mamelon de Vancia, qui forme le point culminant de cette région, donnerait toute satisfaction à ce point de vue.

A partir du Rhône s'étend, vers le sud et l'est, la plaine du Dauphiné. Une série de petites hauteurs émerge de la plaine et forme autour d'un mamelon connu sous le nom de plateau de Bron un amphithéâtre de hauteurs qui viennent s'appuyer sur le bas Rhône à Saint-Fonds ; on pourrait se contenter, pour le moment, de constituer à Bron le réduit central de cette vaste position.

Du côté du bas Rhône, il sera nécessaire, pour prévenir toute attaque, d'organiser un appui solide et d'occuper une position en avant de Saint-Fonds, à hauteur de Feyzin.

La position de Lyon ainsi fortifiée constitue en quelque sorte le réduit de la défense de la frontière de l'Est.

En avant de Lyon s'étendent le Dauphiné et la Savoie, dont les défenses actuelles seraient incapables d'opposer une sérieuse résistance.

Rien ne protége en ce moment Grenoble contre un bombardement. Cette situation ne saurait se prolonger sans péril, car c'est seulement en ce point que l'on peut organiser, entre la mer et Lyon, une place de dépôt pour la Savoie et la haute Durance. Il est donc indispensable d'occuper fortement la position dont Grenoble est le centre, et d'étendre au loin ses defenses avancées.

Ce but sera atteint par l'occupation des hauteurs du Saint-Eynard et des Quatre-Seigneurs, sur chacune des rives de l'Isère, et la création de batteries basses ayant action sur la plaine du Grésivaudan. L'occupation des Quatre-Seigneurs serait complétée, du côté du Drac, par l'orga- de la position de Montavie.

Ainsi fortifiée, la position de Grenoble barrerait complétement le débouché de la vallée de l'Isère vers l'aval; mais cette organisation serait insuffisante si l'on ne maîtrisait pas, vers l'amont, à Albertville et à Chamousset, les débouchés des vallées de la Maurienne et de la Tarentaise dans l'Isère.

Il est indispensable en effet, depuis que la création du tunnel du mont Cenis a ouvert la barrière des Alpes, de défendre l'accès de la plaine du Grésivaudan et de maîtriser la voie ferrée de Turin à Lyon à la sortie des défilés de l'Arc.

Le projet qui vous est soumis a pour objet de mettre les défenses de la place de Briançon à la hauteur des progrès de l'artillerie.

Le système actuel de défense ne comprend pas l'occupation des hauteurs absolument indispensables pour la sécurité des ouvrages actuels; il est de toute nécessité d'occuper les positions du Gondran et de l'Infernet, au-dessus des forts de la rive gauche, et celles de la Croix-de-Bretagne sur la rive gauche de la Cerveyrette, d'où l'on prend à dos les défenses actuelles de la place.

Les garanties les plus sérieuses et les plus complètes ont entouré l'étude des difficiles problèmes que donnait à résoudre la reconstitution de nos frontières.

Nous devons à notre dignité nationale, à nos provinces qui ont supporté à un degré si douloureux les désastres de la guerre de 1870-1871, de préparer à notre armée réorganisée tout ce qui pourra l'aider dans son généreux dévouement à disputer pied à pied le sol de la patrie si, malgré la sagesse de notre politique et notre profond désir de voir la paix maintenue, une invasion nouvelle pouvait jamais nous menacer encore. Aucun de nous ne voudra faillir à ce devoir.

OBSERVATIONS

1° 29 millions seront dépensés en 1874 pour ces travaux dont le montant s'élève à 88,500,000 fr., non compris les frais des chemins de fer pour ces places et les nouveaux forts de Paris.

Le transport des troupes campées à Palaiseau, nécessite, avons-nous dit, deux chemins de fer. C'est donc avec raison que nous avons désigné Palaiseau comme le point de bifurcation du chemin stratégique venant de Pontoise.

L'un de ces chemins, dit de grande ceinture (déjà indiqué dans notre première édition), traverse la Seine à Ville-Neuve-St-Georges et dessert nos forts de défense de l'est, mais en se rapprochant de la Crimée.

L'autre, dit départ, se joindra sans doute au chemin

d'Orléans, pour traverser la Seine à Juvisy, pour desservir les forts de notre ligne d'attaque et le camp de la Marne, et pour se raccorder avec le chemin de fer du Nord, après avoir desservi Méry-sur-Oise.

2° Le triangle formé par la région nord-est, avons-nous dit, a pour sommet Paris, pour base la frontière et pour côtés : 1° La ligne du canal de Bourgogne qui comprend la Haute-Seine, l'Yonne, le canal de Bourgogne qui, à St-Jean-de-Lôsnes, se prolonge jusqu'au Doubs pour former le canal du Rhône au Rhin qui passe près de Belfort. 2° La ligne de l'Oise et de l'Aisne qui se prolonge par le canal des Ardennes jusqu'à Sedan. Ces lignes paraissent adoptées.

1° La ligne frontière sera défendue par Montmédy, par Verdun, par Toul, par Epinal et par Belfort.

Pour empêcher l'ennemi de tourner ces places trop éloignées les unes des autres pour se soutenir, il est probable que dans les intervalles on en construira de nouvelles, et que les passages de la Meurthe, de la Moselle et de la Meuse, ainsi que les défilés des Ardennes et des Argonnes, seront bien fortifiés.

Quel que soit l'agrandissement de Verdun, le rôle de cette place ne peut être que défensif. D'abord, elle ne domine qu'une petite étendue de la Meuse, et si cette place est mise en état d'arrêter une armée ennemie débouchant de Metz, elle ne pourrait empêcher une seconde armée, campée à Thionville, de faire invasion dans notre pays, si la Meuse au nord de Verdun n'était pas bien défendue. De là, nécessité de combiner un autre système de défense, soit à l'aide de Montmédy et de l'ancienne place de Stenay, sur la Meuse, soit en créant un quadrilatère avéc Sedan, Mézières et deux forts sur les Ardennes.

De même pour Toul, qui ne domine qu'un point de la Moselle. Cette place ne sera jamais que défensive, tant qu'on laissera à l'ennemi la facilité d'occuper Nancy et le cours de la Meurthe.

La Moselle et la Meurthe forment à leur confluent une vaste presqu'île, dont l'entrée à l'est pourrait être fermée par des forts placés dans les environs de Blainville, de Flavigny et de Domballe.

Dans ce quadrilatère presque entouré par deux rivières, défendu par des forts nombreux, par Toul et par Nancy fortifiés, appuyé au nord par la Meurthe, à l'est par Lunéville, ne pourrait-on pas faire camper une armée dans de bonnes conditions?

Epinal est une place qui ne peut manquer d'être très-importante en étendant ses défenses du côté de Plombières, sur les montagnes qui doivent la relier à Belfort.

2° Premier côté du triangle nord-est. Nous avons vu que Belfort, qui appartient à la ligne frontière et à notre ligne du canal de Bourgogne, sera pourvu de fortifications étendues.

Le triangle qu'on a voulu former avec Belfort, Langres et Besançon, n'est beau qu'en théorie, car ces trois villes, trop distantes les unes des autres, auraient besoin pour se soutenir d'avoir pour intermédiaire Vesoul fortifié. Ce qui nous paraîtrait plus pratique, ce serait de former avec Epinal, Belfort, Langres et Besançon, un quadrilatère dont

Vesoul serait encore le centre et en même temps le sommet de quatre triangles plus petits, mieux reliés entre eux, et partant, plus faciles à défendre.

L'armée qui doit camper sur le cours supérieur de la Saône, appuyée par Vesoul, n'aurait que plus de facilité pour se porter sur tous les points du quadrilatère et pour défendre en arrière ce fameux plateau de Langres qui, à l'est, forme le côté le plus solide de notre défense.

Cette ligne du canal de Bourgogne se trouve donc déjà protégée par Belfort, par Montbéliard, par Auxonne et par Dijon, en attendant des places nouvelles entre Dijon et Montereau.

Dijon forme le point de communication entre le bassin du Rhône et celui de la Seine. Cette ville, par sa position sur notre ligne du canal de Bourgogne, met la région de l'est en rapport avec la Haute-Seine et avec Paris. Par les monts du Morvan qui seront fortifiés et qui se détachent au sud de la ligne du canal, Dijon se trouve relié avec la Nièvre, avec le cours supérieur de la Loire et avec le camp de Bourges.

3° Le second côté du triangle régional est formé par l'Oise et par l'Aisne prolongée par le canal des Ardennes jusqu'à la Meuse.

Cette ligne sera défendue par Sedan, Mézières, Vouziers et sans doute par Rethel. Elle sera encore défendue par Reims et par Laon, dont les annexes se rapprocheront de l'Aisne, par Soissons et par Compiègne, au confluent de l'Aisne et de l'Oise.

On vient de décider, derrière l'Oise et près de Compiègne, l'établissement d'un camp retranché entre le plateau de Margny et Coudun. L'Oise, qui est notre ligne principale, n'en sera pas moins fortifiée, au nord, par La Fère, par Guise et par d'autres nouvelles places; et au midi, par une série de forts échelonnés depuis Compiègne jusqu'à Pontoise, qui, vu son importance, ne peut manquer d'être fortifié.

En cas d'échec à la frontière, avons-nous dit, nos armées doivent trouver à l'intérieur des places ou des forts assez bien disposés pour faciliter leur revanche, ou pour appuyer leur retraite sur Paris. C'est pour atteindre ce but que le génie militaire a décidé que Dijon, Chagny, Épernay, Reims et Nogent-sur-Seine seraient fortifiés.

Il est probable que ces places fortes ne resteront pas isolées et qu'elles seront disposées en lignes assez bien remplies pour ne pas être tournées.

Dijon fait déjà partie de notre ligne du canal de Bourgogne. Chagny défend le Mont-d'Or, la Saône et le canal du centre. Reims, Epernay et Nogent-sur-Seine, combinés au nord, avec Laon et La Fère, et au sud avec Champeaubert, Sezanne, et Montereau, formeraient, entre l'Oise et la Haute-Seine, une ligne de places impénétrable, ligne d'autant plus redoutable qu'elle se trouve déjà desservie par un chemin de fer. De La Fère part ce chemin qui, à Nogent-sur-Seine, se raccorde avec le chemin de fer de Mulhouse et avec celui de Lyon qui passe à Montereau.

Un général, avons-nous dit, a trouvé dans la Champagne, l'emplacement d'un quadrilatère assez solide ponr arrêter une armée. Dans le rapport ci-joint il est dit que des fonds ont été votés pour fortifier cette province. Il est donc probable que ce nouveau quadrilatère sera placé entre Reims et ses annexes, Epernay, Châlons et le camp du Mour- melon.

Ce nouveau quadrilatère, appuyé sur la Marne, traversé par un canal et la Vesle, entouré d'un chemin de fer, pourrait être secouru à l'aide des nombreux chemins de fer qui convergent sur ce point. Il ne pourrait être tourné, car il forme le milieu de la ligne de forts qui doit exister entre l'Oise et la Haute-Seine. Il serait nécessairement relié à Paris, par d'autres places fortes. Exemple : Soissons et Château-Thierry, par de nombreux chemins de fer, et peut-être par la seconde ligne de forts que nous avons tracée au nord-est depuis Asnières-sur-Oise jusqu'à Maugé, et au sud-est, depuis Montevrain, Grex ou Tournan, jusqu'à Brie-comte-Robert et Périgny.

Nous avons dit : La Marne fortifiée au loin offrirait l'avantage de couper l'armée ennemie en deux. Ce prin- cipe a reçu son application sur toute l'étendue de cette rivière. D'ailleurs, la Marne devait être défendue au loin, comme l'intermédiaire nécessaire, entre la ligne du canal de Bourgogne et la ligne de l'Oise et de l'Aisne. Nous avons déjà vu que le fort de Beauchemin se détache du plateau de Langres dans la direction de Chaumont, situé sur la Marne.

Nous savons de plus, qu'à l'ouest de cette ville on doit établir un fort, à Bricon, pour dominer les chemins de fer qui se croisent vers cette ville, et en particulier le chemin de fer qui conduit de Troyes à Paris. Ces mesures préparatoires nous permettent donc de croire que la Marne sera défendue par Chaumont fortifié.

Cette rivière est encore défendue par la place de Vitryle-Français. Elle le sera par Châlons et par Epernay, et sans doute par Château-Thierry, par la Ferté-sous-Jouarre, par Maugé, par Montevrain et enfin par Chelles.

La tactique de nos ennemis, c'est d'attaquer en masse et toujours supérieurs en nombre. Notre tactique doit donc consister à employer les moyens qui nous permettent le mieux de résister, quoiqu'inférieurs en nombre, à la masse de nos ennemis. Ces moyens résident dans l'emploi des places fortes, non isolées, mais disposées, soit en quadrilatères, soit en grandes lignes, surtout quand ces lignes sont desservies par des chemins de fer.

Si le nouveau chemin de fer dit le Grand Circulaire qui est en projet, s'exécute, nous demandons qu'à l'est, ce chemin nouveau soit protégé par une nouvelle ligne de forts.

Ainsi, par nos grandes lignes stratégiques, la France se trouve divisée en six grandes régions qui peuvent correspondre à nos six armées :

1° La région nord-ouest est comprise entre la mer et nos lignes de la Basse-Seine et de l'Oise, à laquelle on doit ajouter l'Aisne.

2° La région de l'ouest est comprise entre la mer et les lignes de la Basse-Seine, de la Haute-Seine, du canal de Briare et de la Basse-Loire.

3° Les pays au-delà de la Loire sont limités par le fleuve, et défendus par le camp de Bourges.

4° La région du midi est limitée par le cours supérieur de la Loire, par notre ligne du canal de Bourgogne et par la ligne de la Saône et du Rhône.

5° La région sud-est est limitée par la ligne du canal de

Bourgogne prolongée par le Doubs jusqu'à Belfort, par la ligne de la Saône et du Rhône, par la Suisse et par les Alpes.

6₀ Enfin, la région nord-est est comprise entre les trois lignes qui forment le triangle cité et dont le sommet est Paris.

AVANTAGES DE NOTRE SYSTÈME

1₀ C'est de mettre Paris à l'abri de l'investissement, de la famine et du bombardement, et presque toute la France à l'abri de l'invasion.

2° C'est de relier Paris avec les provinces, surtout avec celles de l'ouest, du nord-ouest et avec la mer, et d'embrasser ainsi dans son ensemble, Paris et la France entière.

3° C'est d'utiliser et d'abriter nos armées territoriales, de soutenir nos armées actives, et de faire comprendre à chaque soldat que défendre les lignes qui limitent sa région et surtout la région nord-est, c'est défendre son clocher, sa région... sa patrie.

4₀ C'est de ranimer tous les courages et d'inspirer la confiance à tout le monde. « C'est un grand malheur, nous » disait un jour une dame, que vos forts n'aient pas été » adoptés par l'empereur, il y a douze ans. Nous y aurions » couru toutes. Avec votre système nous n'avons plus » besoin d'un homme de génie pour nous sauver. La » France peut se défendre et se sauver elle-même. »

5° C'est qu'à l'aide de nos lignes stratégiques, la lutte avec nos ennemis se trouve limitée d'abord dans la seule région nord-est, que nous pouvons fortifier d'avance, et ensuite sur le seul côté oriental de Paris. C'est donc surtout de ce côté de Paris qu'il convient d'établir deux nouvelles lignes de forts.

Paris, bien fortifié à l'est, ne pouvant être tourné ni du côté de l'Oise, ni du côté de la Haute-Seine, et ravitaillé par l'ouest, le nord-ouest et la mer, peut devenir la première place forte du monde.

Supposons qu'à la suite de revers éprouvés sur la frontière, nos armées soient forcées de se replier sur Paris. Ces armées trouveraient sur les lignes stratégiques de l'Aisne et de l'Oise, sur celles du canal de la Bourgogne et de la Haute-Seine, dans le camp retranché de Châlons, dans le quadrilatère qui doit être établi en Champagne, sur la ligne des hauteurs de Dammartin à Asnières sur Oise, sur la ligne d'attaque de l'est et sur ces annexes, ces armées, dis-je, trouveraient cent nouveaux champs de bataille, tout disposés pour leur revanche.

Le sort de la France ne doit plus être subordonné ni au caprice de la fortune, ni aux chances d'une grande bataille, ni au plus ou moins de capacité d'un seul homme. Il faut que notre pays soit mis en mesure *de se défendre et de se sauver lui-même.*

CONCLUSION

Dans tous les auteurs récents, il n'est pas une seule idée utile qui ne puissse trouver sa source dans notre travail publié en 1871.

Il n'est pas une seule indication pratique qui n'ait été remplie par nous d'avance, et d'une manière plus large encore que par les auteurs eux-mêmes. Le fond des idées ne diffère en rien; pour la forme, les détails varient. Cette ressemblance entre tous les plans connus et les nôtres peut elle être l'effet du hasard? C'est possible. Mais, même dans ce cas, notre droit de priorité reste incontestable.

Ce qui nous console, c'est que notre travail, qui a été accueilli avec bienveillance par nos sommités militaires, a peut-être été pris en considération, car nos projets sont presque en tous points conformes à ceux qui viennent d'être publiés par le génie militaire.

Loin de nous plaindre de ce silence si rigoureusement observé au sujet de notre travail, nous sommes heureux de penser que c'est peut-être au concours et à l'influence des auteurs qui nous ont si bien imité, que notre pays devra bientôt la réalisation de tout un système militaire dont l'initiative nous appartient depuis longtemps, système qui doit avoir pour résultat de donner du travail aux ouvriers, et de rendre

Paris imprenable et la France invincible.

Lille. — Imp. Lemaire-Doisy.

www.ingramcontent.com/pod-product-compliance
Lightning Source LLC
Chambersburg PA
CBHW061720060726
47597CB00006B/2492